BEI GRIN MACHT SICH IHR
WISSEN BEZAHLT

- Wir veröffentlichen Ihre Hausarbeit,
  Bachelor- und Masterarbeit

- Ihr eigenes eBook und Buch -
  weltweit in allen wichtigen Shops

- Verdienen Sie an jedem Verkauf

Jetzt bei www.GRIN.com hochladen
und kostenlos publizieren

Die schrittweise Einführung von ITIL in mittelständischen Unternehmen. Eine Empfehlung

Steven Wolter

Bibliografische Information der Deutschen Nationalbibliothek:

Die Deutsche Nationalbibliothek verzeichnet diese Publikation in der Deutschen Nationalbibliografie; detaillierte bibliografische Daten sind im Internet über http://dnb.d-nb.de abrufbar.

ISBN: 9783346389671
Dieses Buch ist auch als E-Book erhältlich.

© GRIN Publishing GmbH
Nymphenburger Straße 86
80636 München

Druck und Bindung: Books on Demand GmbH, Norderstedt Germany
Gedruckt auf säurefreiem Papier aus verantwortungsvollen Quellen

Das vorliegende Werk wurde sorgfältig erarbeitet. Dennoch übernehmen Autoren und Verlag für die Richtigkeit von Angaben, Hinweisen, Links und Ratschlägen sowie eventuelle Druckfehler keine Haftung.

Das Buch bei GRIN: https://www.grin.com/document/1005306

Empfehlung zur schrittweisen Einführung von ITIL in mittelständischen Unternehmen

Steven Wolter

Assignment im Modul IMG41:
IT-Strategie und Umsetzung

Eingereicht am 02.03.2021

Inhaltsverzeichnis

Abbildungsverzeichnis

Tabellenverzeichnis

Abkürzungsverzeichnis

CMDB .... Configuration Management Database

ITIL .... Information Technology Infrastructure Library

ITSM.................... IT-Service Management

KMU .... kleine und mittelständische Unternehmen

SVS .... Service Value System

1 Einleitung

Ausgangslage und Problemstellung

Die Corona-Pandemie zwingt Unternehmen weltweit ihre Geschäftsprozesse in kürzester Zeit neu auszurichten. Ausgangsbeschränkungen und weitere Infektionsschutzsmaßnahmen verlagern den Alltag beinahe komplett in die digitale Welt: „Home Office wurde quasi über Nacht der neue Standard, Konferenzen und Veranstaltungen werden mehr und mehr durch virtuelle Erlebnisse ersetzt. Kunden kaufen verstärkt online und fragen Informationen über digitale Kanäle und soziale Medien ab."[1]

Unternehmen müssen neue Anforderungen an die IT-Systeme implementieren und dürfen gleichzeitig Sicherheit, Stabilität und Wirtschaftlichkeit nicht außer Acht lassen. An dieser Stelle kann IT-Service Management[2] (ITSM) zum Erfolg verhelfen. Dieses gilt „inzwischen als das zentrale organisatorische Instrument für die Ausrichtung der IT an den Geschäftsanforderungen und für die Steuerung der IT-Services gemäß Kundenanforderungen."[3]

Allerdings ist die vollständige Implementierung von ITSM im Unternehmen ein sehr umfangreiches, zeitintensives und aufwändiges Vorhaben. Dadurch werden über einen längeren Zeitraum viele Ressourcen in Form von Arbeitskraft und Geld gebunden. Insbesondere kleine und mittelständische Unternehmen (KMU) schrecken deshalb vor diesem Vorhaben zurück. Um den Umfang und das damit verbundene Risiko zu reduzieren, empfiehlt es sich auf bereits in der Wirtschaft etablierte Konzepte zurückzugreifen und die Einführung der ITSM Prozesse schrittweise durchzuführen. Der De-facto-Standard für ITSM ist die *Information Technology Infrastructure Library* (ITIL).[4]

---

[1] Leideck.
[2] Der Begriff *IT-Service Management* wird in Abschnitt 2.1 erläutert.
[3] Bundesministerium des Innern (2006), S. 18.
[4] Vgl. Groß.

Ziel und Aufbau der Arbeit

Die vorliegende Arbeit soll zuerst ein Grundverständnis zu IT-Service Management und ITIL herbeiführen. Fragen wie *Was ist ITSM?*, *Was verbirgt sich hinter ITIL?* und *Welche Besonderheiten im Kontext ITIL liegen für KMU vor?* sollen dadurch beantwortet werden.

Darauf aufbauend soll eine Empfehlung zur schrittweisen Einführung von ITIL in einem mittelständischen Unternehmen formuliert werden, die zu einer kontinuierlichen Verbesserung des IT-Managements führen soll.

In Kapitel 2 werden die Begriffe IT-Service Management und ITIL erläutert und im Kontext mittelständischer Unternehmen betrachtet. Dabei werden die Notwendigkeiten zur Einführung sowie die sich dadurch ergebenden Chancen beleuchtet. Zudem werden Faktoren für eine erfolgreiche ITIL-Einführung aufgeführt.

In Kapitel 3 erfolgt die Beschreibung des empfohlenen Vorgehens zur ITIL-Einführung. Dabei werden die vier Phasen *IST-Analyse*, *Prozesse definieren*, *Prozesse etablieren* und *Erfolg prüfen* ausgeführt.

Das Fazit fasst die wesentlichen Erkenntnisse der Arbeit zusammen. Abschließend erfolgt eine kritische Betrachtung der Ergebnisse.

2 Grundlagen

2.1 IT-Service Management und ITIL

„Service Management bedeutet, Standardisierungen für Prozesse und Methoden vorzunehmen, um die Gesamtheit der spezialisierten organisatorischen Fähigkeiten untereinander so zu koordinieren, dass die Generierung eines Mehrwerts für Kunden in Form von Services möglichst kosten- und nutzeneffizient sichergestellt ist."[5]

Projiziert auf das IT-Umfeld wird unter IT-Service Management „ein umfangreiches Framework [...], um IT Leistungen [...] auf Basis von kundenorientierten Services zu definieren, zu liefern, zu steuern und zu verbessern"[6] verstanden. Zu den Aufgaben des ITSM zählen „die Gestaltung des Leistungsprogramms, das Management der Anwendungsentwicklung, die Bereitstellung des Produktionspotenzials, das Management von Produktionsprozessen sowie die Anwenderunterstützung"[7].

ITIL ist eine Sammlung von Best Practices zur Organisation des ITSM.[8] Da es prozessorientiert und skalierbar ist, kann es unabhängig der Unternehmensgröße auf die gesamte Organisation oder nur auf einzelne Abteilungen angewendet werden.[9] Im Jahr 2019 wurde die vierte Version der ITIL veröffentlicht. Das in ITIL v3 elementare Modell des Service Lebenszyklus[10] sowie konkrete Prozessanleitungen werden nicht mehr in ITIL 4 aufgeführt.[11] Stattdessen werden Prinzipien, Konzepte und Praktiken[12] zur Entwicklung von ITSM-Prozessen formuliert. Das neue elementare Modell in ITIL 4 ist das *Service Value System* (SVS)[13], siehe Abbildung 1.

---

[5] SERVIEW GmbH (2015), S. 52.

[6] Dierlamm (2017), S. 39.

[7] Leimeister (2015), S. 314 f.

[8] Vgl. Siepermann.

[9] Vgl. Breiter/Fischer (2011), S. 5.

[10] Der ITIL Service Lebenszyklus enthält die fünf Phasen *Service Strategy, Service Design, Service Transition, Service Operation* und *Continual Service Improvement*. Für weiterführende Erläuterungen der einzelnen Phasen und die Betrachtung der betroffenen Rollen vgl. SERVIEW GmbH (2015).

[11] Vgl. Kempter_S. Ebenda werden weitere Unterschiede zwischen ITIL v3 und ITIL 4 beschrieben.

[12] Da der Begriff *Prozess* im Kontext des ITSM sowohl in der Praxis als auch in der Literatur häufiger wiederzufinden ist als *Praktik*, werden in dieser Arbeit diese beiden Begriffe synonym verwendet.

[13] In Anhang A ist das Service Value System eingebettet in das ITIL 4 Big Picture eingebettet wiederzufinden. Um den Umfang der Arbeit nicht zu überschreiten, wird dieses nicht weiter ausgeführt.

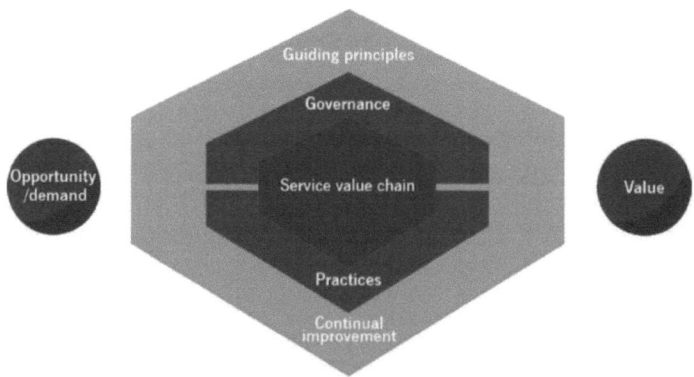

Abbildung 1: ITIL Service Value System
Quelle: BMC Software (2020a), S. 6.

Das Modell soll verdeutlichen, dass die Schlüsselelemente des ITSM als miteinander verbundene Teile eines Gesamtsystems betrachtet werden müssen. Silobasiertes Arbeiten, Lücken und Überschneidungen in der Servicebereitstellung und das Risiko, dass der Wert nicht erreicht wird, müssen zwingend vermieden werden.[14]

Grundsätzlich sind die wesentlichen Prinzipien und Konzepte der Vorgängerversion auch weiterhin gültig. ITIL 4 verstärkt zusätzlich den Fokus auf Kunden und Wertschöpfung: Jede Praktik soll das Unternehmen dazu befähigen, „gemeinsam mit Kunden eine messbare Wertschöpfung zu erzielen."[15] Zudem berücksichtigt ITIL 4 verstärkt moderne Ansätze, wie bspw. DevOps, Scrum, Kanban und den Einsatz von Cloud-Technologien. Dadurch sollen Unternehmen in die Lage versetzt werden, „die Deployment-Frequenz neuer oder geänderter Services zu erhöhen, Umsetzungszeiten zu verkürzen, Wiederherstellung gestörter Services zu beschleunigen sowie die Anzahl fehlgeschlagener Changes signifikant zu senken."[16]

Die insgesamt 34 Praktiken werden in die drei Kategorien *Allgemeine Management-Praktiken*, *Service-Management-Praktiken* und *Technische Management-Praktiken* eingeteilt. Tabelle 1 soll einen kurzen Überblick über die Kategorien verschaffen.

---

[14] Vgl. BMC Software (2020a).
[15] Vgl. Wagner/Schneider.
[16] Wagner/Schneider.

Allgemeine Management-Praktiken	Service-Management-Praktiken	Technische Management-Praktiken
• Strategy Management	• Business Analysis	• Deployment Management
• Portfolio Management	• Service Catalogue Management	• Infrastructure and Platform Management
• Architecture Management	• Service Design	• Software Development and Management
• Service Financial Management	• Service Level Management	
• Workforce and Talent Management	• Availability Management	
• Continual Improvement	• Capacity and performance Management	
• Measurement and Reporting	• Service Continuity Management	
• Risk Management	• Monitoring and Event Management	
• Information Security Management	• Service Desk	
• Knowledge Management	• Incident Management	
• Organizational Change Management	• Service Request Management	
• Project Management	• Problem Management	
• Relationship Management	• Release Management	
• Supplier Management	• Change Enablement	
	• Service Validation and Testing	
	• Service Configuration Management	
	• IT Asset Management	

Tabelle 1: Die 34 ITIL 4 Praktiken
Quelle: In Anlehnung an Kempter_S.

2.2 Besonderheiten im Kontext mittelständischer Unternehmen

Nach der im Jahr 2003 veröffentlichten Empfehlung der Kommission der Europäischen Union wird ein Unternehmen als mittleres bzw. mittelständisches Unternehmen bezeichnet, wenn folgende Merkmale erfüllt sind:

- Die Mitarbeiteranzahl beträgt zwischen 50 und 250 Personen.

- Die Umsatzgrenze liegt bei höchstens 50 Millionen Euro.

- Die Bilanzsumme liegt bei höchstens 43 Millionen Euro.[17]

Diese Zahlen sind jedoch wenig ausschlaggebend für den Erfolg oder Misserfolg einer ITIL-Einführung. Im Folgenden werden mögliche Gründe bzw. die Notwendigkeit für mittelständische Unternehmen zur Einführung von ITIL sowie Chancen durch diese erläutert. Anschließend werden kritische Erfolgsfaktoren zur ITIL-Einführung betrachtet.

---

[17] Vgl. Leeser (2020), S. 22 f.

2.2.1 Notwendigkeit & Chancen einer ITIL-Einführung

Die IT-Architektur mittelständischer Unternehmen ist häufig geprägt durch monolithische Einzelsysteme, die über Jahre hinweg zur Abdeckung von Geschäftsanforderungen individuell entwickelt wurden.[18] Integrationserfordernisse und ausführliche Dokumentationen wurden dabei vernachlässigt, weshalb auch von Insellösungen gesprochen wird.[19] Daraus resultieren uneinheitliche, ineffiziente und zudem intransparente IT-Prozesse zur Weiterentwicklung und Wartung der Systeme, was wiederum eine Skalierung bzw. Digitalisierung des Geschäftsmodells erschwert.[20] ITIL verhilft zu einheitlichen IT-Prozessen, wie zum Beispiel zur Planung, Entwicklung, Wartung und Dokumentation, und bietet die Chance starre Monolithen zu flexiblen, an den Geschäfts- und Kundenanforderungen ausgerichteten Services zu überführen. Dadurch können eine direkte Wertschöpfung und Wettbewerbsvorteile erzielt werden.[21]

Um diese Chance nutzen zu können, muss die IT allerdings als Befähiger (engl. Enabler) positioniert werden. Besonders KMU sind „sehr auf ihre täglichen und in den meisten Fällen seit Jahrzenten ausgeübten Tätigkeiten fixiert"[22] und betrachten die IT eher als Kostenfaktor. ITIL bietet etablierte Praktiken für Unternehmen die „Prozesse [zu] optimieren, selbst Potenziale [zu] erkennen, diese [zu] aktivieren und [...] sinnvoll einzusetzen."[23] Langfristig kann so ein Prozessdenken im Unternehmen etabliert bzw. verstärkt werden. Das bedeutet, dass „die Leistungserstellung aus der Perspektive von funktionsübergreifenden Zusammenhängen und Abhängigkeiten"[24] stattfindet und, dass das Gesamtergebnis im Vordergrund steht. Jeder Funktionsbereich trägt seinen Wertbeitrag dazu bei.

Außerdem kann ITIL bzw. ein erfolgreich implementiertes ITSM dem Unternehmen zu mehr Attraktivität verhelfen. Zum einen bietet die „Gestaltung der ITSM-Prozesse mit Hilfe der ITIL [...] eine hervorragende Basis für die Vorbereitung auf eine Unternehmenszertifizierung nach ISO/IEC 20000"[25], die einen internationalen Standard

---

[18] Vgl. Urbach/Ahlemann (2016), S. 127.

[19] Vgl. Leeser (2020), S. 65 und Leeser (2020), S. 72.

[20] Vgl. Leeser (2020), S. 72 und Zarnekow et al. (2004), S. 13.

[21] Vgl. Hofmann/Schmidt (2010), S. 14.

[22] Leeser (2020), S. 64.

[23] Leeser (2020), S. 64.

[24] Breiter/Fischer (2011), S. 7.

[25] Beims/Ziegenbein (2015), S. 249.

zur „Förderung eines integrierten und prozessorientierten Ansatzes für die Planung und Bereitstellung von IT-Services"[26] fördern soll. Insbesondere gegenüber Geschäftspartnern und Kunden wirkt eine solche Zertifizierung als Quaitätsmerkmal[27] für die Prozesse und schließlich auch für die Produkte des Unternehmens.

Zum anderen führen transparente, einfache und effiziente Prozesse bzw. Praktiken zu einer höheren Mitarbeiterzufriedenheit. Insbesondere dann, wenn diese sich bspw. im Rahmen des Continual Improvement in die Gestaltung und Verbesserung solcher einbringen können. Wie bereits zuvor erwähnt, bietet ITIL eine ideale Grundlage zur Digitalisierung der Geschäftsprozesse. Diese wiederum lassen das Unternehmen modern wirken, wodurch es vor allem für junge Mitarbeiter[28] bzw. Nachwuchskräfte attraktiver erscheint.[29] Dadurch kann eine Vorteilsposition in Zeiten des Fachkräftemangels erreicht werden.

2.2.2 Erfolgsfaktoren zur ITIL-Einführung

Die Einführung von ITSM und ITIL ist ein „komplexer Organisationsentwicklungsprozess"[30], der sich nicht nur auf die IT-Abteilung, sondern auf das ganze Unternehmen auswirkt. Das dialektische Dreieck in Abbildung 2 zeigt die wechselseitigen Abhängigkeiten zwischen Personen, Prozessen und Technoligie.

Abbildung 2: Dialektisches Dreieck
Quelle: Beims/Ziegenbein (2015), S. 305.

---

[26] Beims/Ziegenbein (2015), S. 230.
[27] Servicequalität wird als die „Fähigkeit eines Services, den vom Kunden beabsichtigten Nutzen (Value) zur Verfügung zu stellen." (Beims/Ziegenbein (2015), S. 232.)
[28] Aus Gründen der besseren Lesbarkeit wird in diesem und ähnlichen Fällen im Folgenden auf weibliche Entsprechungen verzichtet.
[29] Vgl. Lohmann 2018, S. 41.
[30] Breiter/Fischer (2011), S. 7.

Aufgrund dieser Komplexität ist ein professionelles Projektmanagement zur erfolgreichen Umsetzung erforderlich. Da KMU eher unerfahren in Projekten solcher Dimension sind, empfiehlt es sich, externe Experten temporär oder langfristig einzukaufen, die das Wissen und die notwendige Erfahrung ins Unternehmen bringen. „Das Lernen aus Fehlern ist eines der wichtigsten Werkzeuge, um Projekte effizient und gleichzeitig erfolgreich zu gestalten."[31] Insbesondere die Wirtschaftlichkeitsbetrachtung sollte von Experten durchgeführt werden, die bereits eine ITSM-Einführung begleitet haben.[32] Eine Fehleinschätzung der notwendigen Investition von Zeit und Ressourcen, und damit Geld, in das Einführungsprojekt kann KMU schnell in eine überlebenskritische Situation führen.

Zudem ist es wichtig, dass das Management[33] bzw. die Entscheidungsträger in dem Unternehmen von dem Projekt überzeugt sind und eine klare Vision vertreten.[34] Dies ist insbesondere in KMU nicht selbstverständlich. Da die Entscheidungsträger häufig nicht in der „IT-Thematik beheimatet [sind,] [...] fehlt [...] erfahrungsgemäß neben dem Verständnis für IT-Abläufe auch das grundlegende Verständnis für die Prozesse und die Notwendigkeiten im Hintergrund."[35] Um die Akzeptanz gegenüber dem Projekt zu stärken, können zuvor erwähnte externe Experten hinzugezogen werden. Geeignete Maßnahmen wären Schulungen, Workshops oder die Präsentation von Erfahrungsberichten aus bereits begleiteten Einführungsprojekten bei Unternehmen in ähnlicher Situation.

Allerdings genügt es nicht, nur das Management im Vorhinein in das Vorhaben einzubeziehen. Die „Mitarbeiter sollten im Mittelpunkt eines solchen Change-Prozesses stehen, damit auch die Motivation für solche Veränderungsprozesse hochgehalten werden kann."[36] Veränderungen lösen häufig Unsicherheiten oder Ängste bei Mitarbeitern aus, die im „schlimmsten Fall zum Boykott [...] führen."[37] Um diesen entgegenzuwirken, sollten die Mitarbeiter frühzeitig informiert werden und

---

[31] Beims/Ziegenbein (2015), S. 327.
[32] Vgl. Breiter/Fischer (2011), S. 8.
[33] Die Verantwortlichkeiten des Management im Kontext Service Management System werden in Beims/Ziegebein (2015), S. 235 f. aufgeführt.
[34] Vgl. Breiter/Fischer (2011), S. 8.
[35] Leeser (2020), S. 66.
[36] Leeser (2020), S. 66.
[37] Leeser (2020), S. 66.

bedarfsgerechte Schulungsmöglichkeiten erhalten. Idealerweise werden dadurch Interesse und Motivation sich an dem Projekt aktiv zu beteiligen hervorgerufen. Die Mitarbeiter kennen die Prozesse bzw. Services im Unternehmen besser als Manager und externe Berater.[38] Dadurch wissen sie, welche Problemstellen und Optimierungsmöglichkeiten existieren und können einen wesentlichen Beitrag dazu leisten, ITSM erfolgreich an die Bedürfnisse des Unternehmens angepasst einzuführen. Zudem kann es hilfreich sein neue Mitarbeiter einzustellen, die bereits Erfahrung mit ITIL gesammelt haben.[39] Zum einen bringen diese bereits eine Qualifikation mit, zum anderen können sie als Motivator fungieren. Je mehr die Mitarbeiter in die Gestaltung der neuen Prozesse involviert werden, desto geringer ist die Gefahr, dass eine Ablehnung gegenüber dieser entsteht.[40]

Ein weiterer Erfolgsfaktor besteht darin, die organisatorischen Voraussetzungen zu schaffen, dass ITSM erfolgreich eingeführt und anschließend auch gelebt wird. Dazu ist es notwendig, dass die Veränderungen in Arbeitsweise, Kommunikationsbeziehungen und Abläufen transparent und dokumentiert sind. Hierzu gehört u.a. die klare Definition von Rollen, Zuständigkeiten und Verantwortlichkeiten, die durch Beantwortung der folgenden Fragen erstellt werden kann:[41]

- „Aufgaben: Welche Aktivitäten muss der Rolleninhaber durchführen?
- Verantwortung: Wofür trägt der Rolleninhaber Verantwortung?
- Kompetenzen: Welche Kompetenzen benötigt der Rolleninhaber?"[42]

Ein Mitarbeiter kann dabei mehrere Rollen innehaben. Das ist in KMU mit häufig kleiner Mitarbeiteranzahl notwendig, aber keineswegs ein Nachteil.

Zudem ist es ggf. sinnvoll, die Aufbauorganisation entsprechend der prozessorientierten Arbeitsweise neu zu strukturieren, um hierarchische Strukturen und voneinander isolierte Bereiche aufzulösen. Dadurch dann das im vorherigen Abschnitt bereits erwähnte Prozessdenken gestärkt werden.[43]

---

[38] Vgl. Leeser (2020), S. 66.
[39] Vgl. Breiter/Fischer (2011), S. 7.
[40] Vgl. Beims/Ziegenbein (2015), S. 306.
[41] Vgl. Breiter/Fischer (2011), S. 23.
[42] Beims/Ziegenbein (2015), S. 379.
[43] Vgl. Breiter/Fischer (2011), S. 7.

3 Einführung von ITIL-Prozessen

Wie bereits zuvor erwähnt, ist ein umfangreiches Projektmangement für die Einführung von ITIL in einem Unternehmen erforderlich. Im Folgenden werden die in Abbildung 3 dunkelblau hervorgehobenen Projektschritte zur Einführung von ITIL-Prozessen im Unternehmen erläutert.

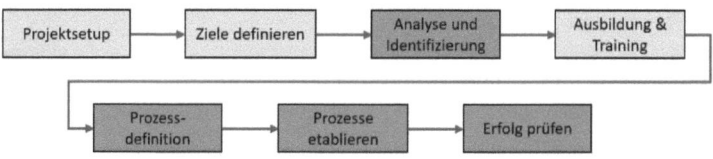

Abbildung 3: Projektschritte zur Prozesseinführung
Quelle: In Anlehnung an Beims/Ziegenbein (2015), S. 390.

Vor Projektbeginn müssen der organisatorische und unternehmerische Rahmen gesetzt werden. Dazu gehören neben der Festlegung von Namen, Umfang und Besetzung des Projekts auch die grobe Zeitplanung.[44] Anschließend werden aus den Unternehmens- und IT-Zielen die Projektziele abgeleitet. Dabei sind eine Gliederung in Haupt- und Zusatzziele und anschließende Priorisierung dieser sinnvoll. Zudem sollten die Ziele messbar bzw. quantifizierbar formuliert werden. werden, damit eine Zielerreichung anhand entsprechender Kennzahlen überprüfbar ist.[45] Ein verbreitetes Hilfsmittel zur Formulierung von Zielen ist unter dem Akronym SMART bekannt. Dieses besagt, dass Ziele **s**pezifisch, **m**essbar, **a**kzeptiert, **r**ealistisch und **t**erminiert sein sollen. [46]

3.1 IST-Analyse

Die IST-Analyse soll den aktuellen Stand des Unternehmens und insbesondere der IT-Abteilung hinsichtlich ITSM untersuchen. Zunächst muss eine Datengrundlage geschaffen werden. Untersuchungsgegenstand sind dabei nicht nur die Prozesse der internen IT-Leistungserbringung, sondern auch die aktuell vorliegende IT-Infrastruktur, die Betriebsorganisation und die extern bezogenen Leistungen, falls vorhanden.[47]

---

[44] Vgl. Beims/Ziegenbein (2015), S. 346 f.
[45] Vgl. Beims/Ziegenbein (2015), S. 356.
[46] Vgl. Beims/Ziegenbein (2015), S. 198.
[47] Vgl. Teubner-Remfert (2017), S. 9 ff.

Zur Erhebung der Daten eignen sich insbesondere

- die Überprüfung der vorhandenen Dokumentation auf Vollständigkeit, Verständlichkeit, Nachvollziehbarkeit, Anwendbarkeit und Kongruenz zu dem vorgesehen ITIL Standard

- sowie **Interviews mit Stakeholdern** am Prozess, bspw. Mitarbeiter, Managementvertreter, Kundenvertreter, zukünftig vorgesehene Prozessverantwortliche.

Das Ergebnis der Erhebung ist eine Übersicht und Beschreibung der aktuell im Unternehmen formell oder informell vorhandenen IT-Prozesse. Diese sind durch Beobachtungen der Mitarbeiter in ihrem Arbeitsalltag zu verifizieren. Je nach Anzahl der Prozesse empfiehlt es sich, diese Prozesse einer Reifegradstufe[48] zuzuordnen. Im Fall eines KMU ist von einer eher geringeren Anzahl Prozesse auszugehen und damit kann dieser Schritt übersprungen werden. Zudem hat die Erfahrung gezeigt, dass „die zu starke Fixierung auf die aktuellen, oft nicht mehr zeitgemäßem Arbeitsabläufe [...] bei der Neukonzipierung der Prozesse leicht den Blick für einfachere, effizientere Möglichkeiten versperren"[49] kann.

Anschließend müssen die Analyseergebnisse strukturiert aufgearbeitet werden. Hierzu eignet sich die SWOT[50]-Analyse, die schematisch in Abbildung 4 dargestellt ist. Dabei sollen Stärken und Schwächen zu den betrachteten Prozessen identifiziert werden. Die Chancen und Risiken hingegen sollen sich auf die gesamte IT-Organisation beziehen.[51]

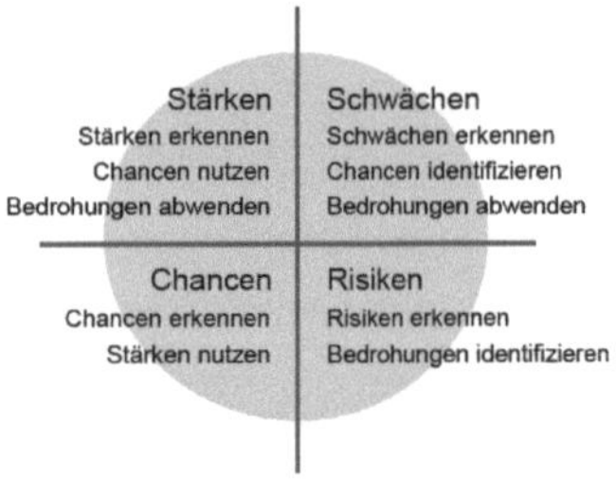

Abbildung 4: SWOT-Analyse
Quelle: Beims-Ziegenbein (2015), S. 366.

Die Phase der IST-Analyse endet mit der Dokumentation der konkreten Handlungsempfehlungen. Diese werden aus dem Ergebnis der SWOT-Analyse und den zu Beginn des Kapitels erwähnten Projektzielen abgeleitet.

---

[48] Die Reifegradstufen sind in Anhang B beigefügt.
[49] Kemper_A.
[50] SWOT steht als Akronym für **S**trength (Stärken), **W**eaknesses (Schwächen), **O**pportunities (Chancen) und **T**hreats (Risiken). (Vgl. Beims/Ziegenbein (2015), S. 366.)
[51] Vgl. Beims/Ziegenbein (2015), S. 366 f. Ebenda ist ein Beispiel zur Verdeutlichung der Betrachtungsebenen aufgeführt.

3.2 Prozesse definieren (SOLL-Konzept)

In diesem Schritt findet die „konkrete Definition der zu verändernden oder neu zu schaffenden Prozesse"[52] statt. Grundlage hierfür sind die zuvor erstellten Handlungsempfehlungen. Da diese sehr stark von der aktuellen Situation des Unternehmens abhängen, ist die Reihenfolge der zu definierenden Prozesse ebenfalls von Unternehmen zu Unternehmen unterschiedlich. Indikatoren zur Priorisierung der Prozesse sind der Beitrag dieses Prozesses zur Zielerreichung und das durch die Implementierung erhoffte Verbesserungspotential.

In den Grundlagen wurde bereits festgehalten, dass ITSM den Unternehmen dabei helfen soll, gemeinsam mit dem Kunden Mehrwert für diesen Kunden zu generieren. Ein wesentliches Instrument für die Kommunikation mit dem Kunden ist der Service Desk. Darum sollten die damit verbundenen Prozesse möglichst zuerst eingeführt werden, falls diese nicht bereits etabliert sind:

- **Incident Management** umfasst die notwendigen Aktivitäten zur Wiederherstellung eines ausgefallenen oder unterbrochenen Service.

- **Problem Management** umfasst die Aktivitäten zur Vorbeugung von Incidents und der Vermeidung der Wiederholung solcher durch die Analyse & Behebung der Ursachen.

- **Request Management** umfasst die Aktivitäten zur Steuerung von Benutzer- und Kundenanfragen zur Anpassung oder Erweiterung der Services.[53]

Da diese Prozesse häufig eine Anpassung oder Entwicklung von Software-Komponten bedingen, sind sie eng an das **Change Management** gekoppelt. Deshalb sollte dieser unmittelbar danach betrachet werden.

Um die aus ITIL-Sicht wichtigsten Prozesse zur Steuerung der IT-Aktivitäten innerhalb des Unternehmens und gegenüber den Kunden zu berücksichtigen, sollten zeitnah das **Service Level Management** und das **Configuration Management** eingeführt werden.[54]

Ein geeignetes Vorgehen zur Definition der Prozesse besteht darin, zuerst den gewünschten Output eines Prozesses festzulegen und dann die dazu notwendigen

---

[52] Beims/Ziegenbein (2015), S. 370.
[53] Vgl. BMC Software (2020b), S. 11.
[54] Vgl. BMC Software (2020b), S. 12. Ebenda werden diese zwei Prozesse bzw. Praktiken erläutert.

Aktivitäten und die benötigten Inputs zu identifizieren. Zusätzlich müssen Rollen, Prozessschnittstellen, Kennzahlen und Toolkriterien definiert und zwingend dokumentiert werden. Die zuvor genannten Tätigkeiten sollten über mehrere Workshops verteilt erfolgen.[55] Wie bereits in Abschnitt 2.2.2 erwähnt, sollten zwingend die Mitarbeiter in die Gestaltung involviert werden. Neben der „deutlich verbesserten Ergebnisqualität durch die verarbeiteten Erfahrungswerte [...] [hat dies eine Steigerung der] Akzeptanz für die geplanten Veränderungen"[56] zur Folge.

Schließlich werden aus den zuvor abgeleiteten Toolkriterien[57] zu den definierten Prozessen passende Tools ermittelt. Das können bspw. ein Ticketsystem zur Steuerung von Incidents und Kundenanfragen und eine Configuration Management Database (CMDB) zur Konsolidierung aller Informationen der einzelnen Prozesse sein.[58]

3.3 Prozesse etablieren

Zur Verankerung der neuen Prozesse in der Organisation empfiehlt sich ein evolutionär inkrementelles Vorgehen, bspw. durch die Pilotierung in einem kontrollierbaren Rahmen. Das schrittweise Etablieren einzelner Prozesse in ausgewählten Unternehmensbereichen ermöglicht ein frühzeitiges Sammeln erster Praxiserfahrungen und eine schnelle Anpassung bzw. Korrektur der Prozesse.[59]

Wie bereits zuvor erwähnt, müssen alle Betroffenen im Vorfeld über Inhalt, Umfang, Ziel und Zeitpunkt der Änderung informiert werden. Das Inkrafttreten der neuen Prozesse für alle Mitarbeiter kann durch eine Kickoff-Veranstaltung signalisiert werden. Dabei werden die Projektziele, die bisherigen Erfolge und die konkreten Auswirkungen auf die Organisation und die Arbeitsweise kommuniziert. Ziel ist es, „die Mitarbeiter dazu zu motivieren, die Vorteile des Projekts zu erkennen und für ihre tägliche Arbeit zu nutzen."[60] Dieses Projektmarketing muss durch das Management und die Prozessverantwortlichen intensiv weiter betrieben werden, um Zweifel und Unzufriedenheit der Mitarbeiter zu vermeiden.[61]

---

[55] Vgl. Beims/Ziegenbein (2015), S. 371.
[56] Beims/Ziegenbein (2015), S. 371.
[57] In Beims/Ziegenbein (2015), S. 382 f. wird das Vorgehen Tool-Auswahl ausführlich beschrieben.
[58] Vgl. Breiter-Fischer (2011), S. 46 f. und Apiarius et al. (2007), S.48.
[59] Vgl. Beims/Ziegenbein (2015), S. 385.
[60] Beims/Ziegenbein (2015), S. 385.
[61] Vgl. Beims/Ziegenbein (2015), S. 385.

3.4 Erfolg prüfen

In der letzten Phase wird die Zielerreichung des Einführungsprojekts bewertet. Dazu werden Erfahrungen und Rückmeldungen von Mitarbeitern und Prozessverantwortlichen aus der täglichen Arbeit gesammelt. Dies sollte frühestens acht Wochen nach der Implementierung der ersten Prozesse erfolgen, damit repräsentative Ergebnisse daraus hervorgehen. Sollte es eine Abweichung zwischen dem definierten Ziel und dem tatsächlich erreichen Zustand geben, müssen notwendige Anpassungsbedarfe identifiziert werden, um die Lücke zu schließen.[62]

Dieses Vorgehen darf allerdings keine einmalige Aktivität sein. Um die IT-Servcies ständig in ihrer „Effektivität und Effizienz [...] hinsichtlich der Geschäftsanforderungen [...] zu verbessern"[63], muss ein **kontinuierlicher Verbesserungsprozess**[64] definiert und implementiert werden. Der Deming Circle, siehe Abbildung 5, stellt die notwendigen Aktivitäten als Kreislauf dar:

- **„Plan**: In dieser Phase werden Ziele definiert, Maßnahmenpläne erstellt und Rollen und Verantwortlichkeiten definiert.

- **Do**: Hier werden die geplanten Maßnahmen umgesetzt und dokumentiert.

- **Check**: In dieser Phase werden Messdaten erhoben und in Reports zusammengefasst.

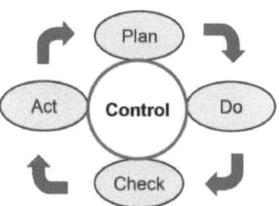

Abbildung 5: Deming Cycle
Quelle: Beims/Ziegenbein
(2015), S.62.

- **Act**: Identifizierte Abweichungen von der Planung werden bewertet und Korrekturmaßnahmen als Input für eine erneute Planungsphase werden abgeleitet."[65]

Die Aktivität **Control** ist bewusst in der Mitte platziert, da sie in allen anderen Aktiväten berücksichtigt werden muss. Durch sie wird sichergestellt, „dass die definierten Aufgaben durchgeführt und Aktiväten sowie Ergebnisse dokumentiert werden."[66]

---

[62] Vgl. Beims/Ziegenbein (2015), S. 388.
[63] Beims/Ziegenbein (2015), S. 59.
[64] Dieser wird auch Continual Service Improvement (CSI) genannt.
[65] Beims/Ziegenbein (2015), S. 61.
[66] Beims/Ziegenbein (2015), S. 61.

4 Fazit

Die Einführung von ITSM Prozessen in mittelständischen Unternehmen kann ein Katalysator für die Digitalisierung und Ausrichtung der Geschäftsprozesse am Kunden sein. Durch etablierte Best Practices bietet ITIL eine ideale Grundlage für Unternehmen ITSM erfolgreich einzuführen. Allerdings sollten insbesondere KMU darauf achten, dass sie sich von den Best Practices nicht zu sehr einschränken lassen. Diese sind als Empfehlung oder Leitlinie zu betrachten und nicht als strikte Vorgabe. Um einen Mehrwert zu erzielen, ist die Anpassung der Prozesse an die Gegebenheiten im Unternehmen und die gesetzte Unternehmensstrategie notwendig. Ebenso sind Auswahl und Reihenfolge der einzuführenden Prozesse stark individuell und nicht direkt anhand von Unternehmensmerkmalen, wie bspw. Branche oder Anzahl der Mitarbeiter, abzuleiten.

Zudem sind die Auswirkungen auf das gesamte Unternehmen durch das Einführungsprojekt nicht zu unterschätzen. Hier gilt es klassische Projekt und Change Management Werkzeuge anzuwenden. Aus diesem Grund sollte auf ggf. externe Experten zurückgegriffen werden, die bereits Erfahrungen in einem solchen Szenario gesammelt haben. Allerdings sind dem Management und den externen Beratern allein nicht der Erfolg des Projekts zuzuschreiben. Den größten Anteil daran tragen die Mitarbeiter. Deshalb ist es zwingend erforderlich, dass diese frühzeitig in das Projekt involviert und zur Mitgestaltung angeregt werden. Es muss das richtige Verhältnis aus Vorgaben und Leitlinien durch Management und Experten und dem Freiraum zur Mitgestaltung der Mitarbeiter gefunden werden.

Abschließend ist festzuhalten, dass die Einführung von ITIL bzw. ITSM zwar als Projekt mit den Aktivitäten *Analyse der IST-Situation*, *Identifizieren von Handlungsfeldern*, *Ableiten und Umsetzen von Maßnahmen*, *Prüfen und Relektieren der Ergebnisse* aufgesetzt ist, diese aber nach Projektende Gegenstand des täglichen Arbeiten werden müssen. Dadurch entsteht ein kontinuerlicher Verbesserungsprozess, um die IT-Services langfrisitig zu verbessern, was wiederum einen Wettbewerbsvorteil für das Unternehmen bedeuten kann.

Anhang A ITIL 4 Big Picture

⊘ SERVIEW

CONSULTING. TRAINING. DIFFERENT!

ITIL® 4 SERVICE VALUE SYSTEM

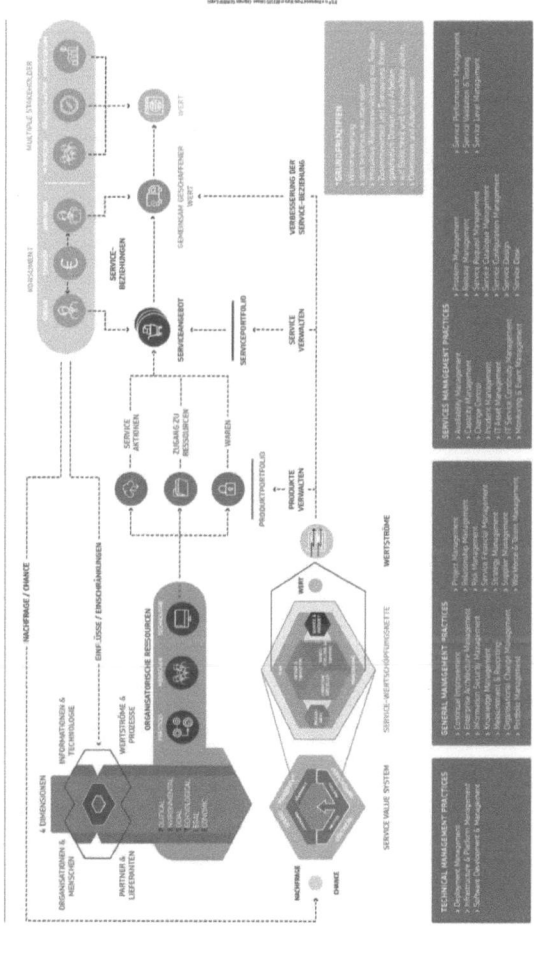

www.serview.de

IV

Anhang B   Reifegradstufen im PMF

Reifegrad-stufe	Bezeichnung der Stufe	Prozess	Beschreibung
0	Incomplete	Der chaotische Prozess	Keine definierte Verfahrensweise, ad hoc, abhängig von Einzelkämpfern
1	Initial	Der initiale Prozess	Unvorhersagbares Ergebnis: Bei erneuter Durchführung würde ggf. alles anders verlaufen, „Brandbekämpfung" statt Planung, Gelingen abhängig vom äußerstem Einsatz aller Beteiligter und Einzelpersonen
2	Repeatable	Der wiederholbare Prozess	Dieselben Anforderungen führen zu denselben Ergebnissen auf Basis der Erfahrung früher Vorfahren, Kosten und Qualität schwanken, Know-how einzelner Personen entscheidend
3	Defines	Der definierte Prozess	Wohldokumentierte Prozesse, stabil und wiederholbar, Qualitätssicherungs-maßnahmen definiert und dokumentiert, Möglichkeit der Anpassung der Standards, Prozessverantwortliche, institutionalisierte Prozesse, unabhängig von Individuen
4	Managed	Der gesteuerte Prozess	Quantitativ messbare Prozesse, Leistungs-messung von Produktivität und Qualität, vorhersagbare Prozesse in definierten Grenzen und Qualität, Steuerungs-möglichkeiten bei Schwankungen
5	Optimised	Der optimierte Prozess	Gesamte Organisation fokussiert auf kontinuierliche Prozessverbesserung, Möglichkeiten zur Analyse von Stärken und Schwächen, proaktive Fehler-vermeidung

Quelle: Breiter-Fischer (2011), S. 16.

Quellenverzeichnis

Apiarius, C./Schwickert, A. C./Güntner, R.: *ITIL in kleinen und mittelständischen Unternehmen unter besonderer Berücksichtigung einer Configuration Management Database*, hrsg. von Professur BWL – Wirtschaftsinformatik, Justus-Liebig-Universität Gießen 2007: *Arbeitspapiere WI*, Nr. 1/2007, Gießen 2007.

Beims, M./Ziegenbein, M.: *IT-Service Management in der Praxis mit ITIL – Der Einsatz von ITIL Edition 2011, ISO/IEC 20000:2011, COBIT5 und PRINCE2*, 4. Auflage, München 2015.

BMC Software (Hrsg.): *ITIL4 Overview*, Houston (US) 2020a.

BMC Software (Hrsg.): *An Overview of (IT) Service Management*, Houston (US) 2020b.

Breiter, A./Fischer, A.: *Implementierung von IT Service-Management – Erfolgsfaktoren aus nationalen und internationalen Fallstudien*, Berlin Heidelberg 2011.

Bundesministerium des Innern (Hrsg.): *ITIL und Standards für IT-Prozesse – Prozess-Standards für die Entwicklung der IT-Service-Organisation gemäß ITIL Best Practices*, Version 1.0.1, Berlin 2006.

Dierlamm, Jürgen: *ITSM und ITIL zur Erbringung und Steuerung von Cloud Services*, in: *it Service Management - Fachzeitschrift für die ITSM-Community*, 12. Jg., H. 39, 2017, S. 27-29.

Groß, Markus: *ITIL Umsetzung in KMU*, in: *Markus Groß - Blog*, https://markusgross.de/de/blog/entry/183-itil-umsetzung-in-kmu (Zugriff am 27.02.2021).

Kempter, Andrea: *ITIL-Implementierung - ITIL-Assessment*, in: *IT Process Maps*, https://wiki.de.it-processmaps.com/index.php/ITIL-Implementierung_-_ITIL-Assessment (Zugriff am 22.02.2020).

Kempter, Stefan: *ITIL4 Service Management Praktiken*, in: *IT Process Maps*, https://wiki.de.it-processmaps.com/index.php/ITIL_4#Service-Management-Praktiken (Zugriff am 10.01.2020).

Leeser, Daniel Christian: *Digitalisierung in KMU kompakt – Compliance und IT-Security*, Berlin Heidelberg 2009.

Leideck, Nils: *Wie wirkt sich eine Pandemie auf das IT Service Management aus?*, in: *OTRSmag – Ihr Blog für Customer Service, Corporate Security, ITSM*, https://otrs.com/de/otrsmag/wie-wirkt-sich-eine-pandemie-auf-das-it-service-management-aus/ (Zugriff am 25.01.2020).

Leimeister, Jan Marco: *Einführung in die Wirtschaftsinformatik*, 12., vollst. neu überarb. und akt. Aufl., Berlin 2015.

SERVIEW GmbH (Hrsg.): *ITIL - Alles was man wissen muss*, Bad Homburg 2015.

Siepermann, Markus: *ITIL*, in: *Gabler Wirtschaftslexikon*, https://wirtschaftslexikon.gabler.de/definition/itil-53471/version-276560 (Zugriff am 10.01.2020).

Teubner, R. A./Remfert, C.: *Eine Fallstudie zur Einführung des IT-Servicemanagement in einer Lehr- und Forschungseinrichtung*, hrsg. von Becker, J./Hellingrath, B./Klein, S./Kuchen, H./Trautmann, H./Vossen, G.: *Arbeitsberichte des Instituts für Wirtschaftsinformatik*, Nr. 139, Münster 2017.

Urbach, N./Ahlemann, F.: *IT-Management im Zeitalter der Digitalisierung. Auf dem Weg zur IT-Organisation der Zukunft*, Bayreuth 2016.

Wagner, M./Schneider, P.: *ITIL V4: Agile Revolution oder alter Wein in neuen Schläuchen?*, in: *Datacenter Insider*, https://www.datacenter-insider.de/itil-v4-agile-revolution-oder-alter-wein-in-neuen-schlaeuchen-a-803565/ (Zugriff am 30.01.2020).

Zarnekow, R./Brenner, W./Grohmann, H.-H. (Hrsg): *Informationsmanagement – Konzepte und Strategien für die Praxis*, 1. Auflage, Heidelberg 2004.